La chica nueva

Jennifer Degenhardt

To my tribe of students who, after being asked one too many times, "How many pencils do you have in your backpack?," inspired me to write this story.

ÍNDICE

Capítulo 1   1

Capítulo 2   3

Capítulo 3   6

Capítulo 4   7

Capítulo 5   9

Capítulo 6   11

Capítulo 7   14

Capítulo 8   16

Capítulo 9   20

Capítulo 10   26

Capítulo 11   28

Capítulo 12   31

Capítulo 13   34

Capítulo 14   37

Capítulo 15   39

Capítulo 16   41

Capítulo 17   43

Capítulo 18   45

Capítulo 19   49

Capítulo 20   51

Glosario   55

AGRADECIMIENTOS

Thank you to the following people who helped me with this endeavor in some way:

José Salazar for fixing the grammar that needed fixing. As a non-native Spanish gal, I know my limitations. Thank you for helping the story glimmer even more!

Stephanie Mancini, for editing for content.

Tara Allen, for being the first teacher (besides me) brave enough to use the story.

Elisha Ghaloo, a former student, for the beautiful cover art.

Max Rosenthal, a long-ago former student, now a lawyer and author himself, for spurring me on and giving me great publishing advice.

And of course, all of my students who kept hounding me to publish, in their sweet and encouraging way.

NOTA DE AUTORA

The variation in font is purposeful as it provides a visual aid to students to indicate which of the main characters is narrating at different points in the story.

Capítulo 1
Cooper

Yo me llamo Cooper y tengo 17 años. Yo soy de Douglaston, Connecticut. Soy alto, pero no muy alto, delgado, y atlético también. Me gusta el fútbol y me gusta el hockey. Yo practico los deportes en la escuela.

Me gusta el fútbol y me gusta el hockey. También me gusta la música rock y la música pop. No me gusta la música clásica. Y también me gusta mucho comer. Me gusta la comida italiana y la comida china. No me gusta la comida japonesa. Mi restaurante favorito de comida italiana es Rizzuto's y mi restaurante favorito de comida china es Chang's.

Yo vivo con mi familia en Douglaston. En mi familia hay cinco personas: mi padre, mi madre, mi hermana, mi hermano y yo. Mi padre se llama Chip y él tiene cuarenta y siete (47) años. Mi madre se llama Mitzi y ella tiene cuarenta y cinco (45) años. Mi hermana se llama Caitlin y ella tiene catorce (14) años. Mi hermano se llama Sam y él tiene once (11) años. Mi familia vive en una casa muy grande en 7 Settler's Trail. La casa es blanca. Mi familia tiene tres carros.

Mi padre tiene un carro, mi madre tiene un carro y yo tengo un carro también.

Yo soy estudiante de la escuela Douglaston High School. Mi hermana es estudiante allí también. Mi hermano es estudiante de Madison Middle School. Mi papá trabaja en un banco en la ciudad de Nueva York. Mi mamá no trabaja, pero es voluntaria en muchas actividades.

Capítulo 2
Taruka

Me llamo Taruka[1] y tengo diez y seis (16) años. Soy de Bolivia, pero ahora vivo en Douglaston. Yo soy nueva en Douglaston. Yo soy muy baja. No soy gorda pero no soy delgada. Me gusta mucho el fútbol. Mi equipo favorito es el equipo nacional de Bolivia. Me gusta, no... ¡me encanta la comida! La comida favorita de mi familia es la comida boliviana. ¡Claro! Me gusta la sopa con fideos. También me gusta el pollo, pero me encanta una comida boliviana que se llama salteñas[2].

---

[1] Taruka means "doe" in Quechua.
[2] salteñas - a Bolivian baked empanada filled with pork, beef, chicken in a sweet and spicy sauce, and at times, peas and potatoes.

Yo vivo con mi familia en un apartamento en Douglaston. En mi familia hay seis personas. Yo vivo con mi padre, mi madre y mis hermanos. Mi padre se llama Pedro y mi madre se llama Ángela. Mi hermano se llama Oto. Su nombre real es

Otoronco[3]. Es un nombre Quechua[4] similar a mi nombre. Una de mis hermanas se llama Inti[5] y mi otra hermana se llama Wayna[6]. Oto tiene diez y nueve (19) años y él estudia en la universidad local. La universidad se llama UCONN Strasberg. Oto también trabaja. Inti tiene doce (12) años y Wayna tiene ocho (8) años. Inti estudia en la escuela Madison Middle School y Wayna es estudiante de la escuela Pierson Elementary.

Mi padre trabaja para una compañía de construcción que se llama ME Construcción. Es una compañía en Westchester, Nueva York. Mi madre limpia las casas de las familias en Westmoreland. Ella trabaja para una compañía pequeña y privada. Mi familia vive en Douglaston ahora porque las escuelas son muy buenas.

---

[3] Otoronco means "mountain bear" in Quechua.
[4] Quechua - a group of indigenous peoples in the Central Andes and their languages.
[5] Inti means "sunshine" in Quechua.
[6] Wayna means "young" in Quechua.

Capítulo 3
Cooper

El primer día de la escuela es en dos semanas. Yo necesito materiales escolares. Este año yo tengo muchas clases nuevas: matemáticas AP, ciencias AP, historia de los Estados Unidos, literatura y español 5. No tengo clase de arte porque no me gusta el arte. Me gusta la música, pero no tengo la clase de música tampoco.

Necesito ir a Staples y voy en mi carro para comprar los materiales escolares. Yo necesito cuadernos, papel, lápices, bolígrafos y una calculadora nueva. Voy a Staples en mi Jeep y escucho una canción en la radio. La canción se llama *Stand By Me*.

Capítulo 4
Taruka

Es una mañana del verano y hace buen día.

  —Mami, voy a trabajar al Greasy Spoon. Chao.

  —Chao hija.

Ahora yo voy a tomar el bus a mi trabajo. Soy mesera en Greasy Spoon. Yo trabajo con otros hispanos. Uno se llama Raúl y él es de Honduras. Su hermano Rafael trabaja allí también. Una mujer se llama Trinidad y ella es mexicana. Me gusta hablar español con ellos.

Después de mi trabajo yo tomo el autobús a Staples porque no tengo carro. Necesito comprar unas cosas para la escuela. En el bus, yo escucho música en mi iPhone. Escucho una canción nueva de un cantante nuevo, Prince Royce. Prince Royce es del Bronx, es de origen dominicano, y canta la canción *Stand By Me* en inglés y español.

Este año asisto a una escuela nueva, Douglaston High School. Voy a tomar unas clases nuevas: biología, geometría, ciencias sociales, inglés, español y coro. Y claro, tengo clase de educación física, también. Pero no tomo la clase de informática porque no me gusta la tecnología mucho. En Staples compro los materiales escolares que necesito para las clases. Yo tengo lápices, pero necesito unos cuadernos, unas carpetas y una calculadora nueva.

Estoy en Staples y tengo las carpetas y la calculadora; ahora busco los cuadernos. De repente yo veo a un muchacho guapo. Él es delgado y alto con pelo rubio y ojos azules. Tiene una camiseta con *Douglaston Soccer*. Qué interesante. ¿Es estudiante de Douglaston High School?

Capítulo 5
Cooper

¡Ay, ay, ay! ¿Dónde están los cuadernos? Yo tengo la calculadora especial que necesito para la clase de matemáticas con el profesor Coppock. La clase de matemáticas AP es muy difícil, pero interesante. El profesor Coppock es muy bueno. Él es simpático también. También tengo papel, y lápices que yo necesito. Pero no veo los cuadernos. Yo veo los marcadores y las gomas de borrar, pero no veo los cuadernos. En ese momento yo veo a una muchacha muy bonita. Ella es baja y tiene pelo largo, negro y liso. También tiene ojos enormes de color café. Tiene una camisa verde con las palabras *Greasy Spoon*. Tiene un las manos unas carpetas nuevas, los lápices y los cuadernos.

—Hola —le digo.

—Hola —contesta ella.

—Yo necesito cuadernos para la escuela también. ¿Dónde están?

Con una sonrisa grande, ella responde.

—Están en el pasillo 4 (cuatro).

—Excelente. Gracias —le digo yo.

La muchacha no habla mucho pero es muy simpática. Y es muy bonita. ¿Estudia ella en Douglaston High School?

Capítulo 6
Cooper

Estoy en el carro para ir a la casa. Mañana es el primer día de la práctica de fútbol. Yo tengo unas camisas nuevas, los pantalones cortos nuevos, las medias nuevas y los zapatos de tenis nuevos.

—Hola mamá. Aquí tienes tu tarjeta de crédito. Ya tengo los materiales escolares. ¿Qué hay para la cena?

—Tu padre no llega a casa hasta las nueve. Tu hermano está en la casa de su amigo, tu hermana está en la clase de *ballet*, y yo tengo una cena con mis amigas. Aquí tienes veinte dólares para ir a la pizzería.

—Está bien. ¿Dónde está mi mochila para el fútbol? Tengo práctica mañana.

—Tu mochila está aquí. Tienes todo para la práctica.

—Bien. Gracias.

Con mi iPhone yo mando un texto a mi amigo, Kyle:

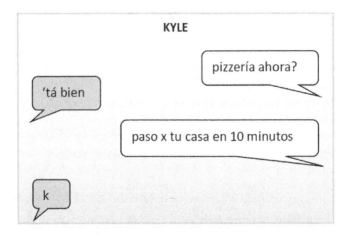

En el camino a la casa de Kyle escucho la radio en mi carro. En la radio escucho la canción de Prince Royce, "*Stand By Me*". Me gusta esta canción. Y la letra es excelente. Es la canción de la película "*Stand By Me*" pero las palabras están en inglés y español.

Kyle entra en el carro.

—Hola —me dice.

—Hola —le digo—. Mi familia no está en casa para la cena.

—Mis padres no están en casa tampoco. Es algo normal.

—Sí. Pero no me gusta. Me gusta cenar con mi familia.

—Sí. Responde Kyle—. Hay práctica mañana. ¿Estás listo?

—Sí. Y en dos semanas empiezan las clases en la escuela. ¡Increíble!

—Pero es el último año de la escuela. ¡Excelente!

—Verdad. ¿Helado después de la pizza?

—Buena idea.

Capítulo 7
Taruka

Con los materiales escolares nuevos tomo el autobús al apartamento nuevo en Douglaston. Yo me pregunto: ¿Quién es ese muchacho? Es muy guapo con el pelo rubio y los ojos azules. ¿Estudia en Douglaston High School? ¿Practica el fútbol? ¿Voy a ver al muchacho en el futuro?

Al llegar al apartamento saludo a mi mamá y a mis hermanitas. Necesito organizar mi ropa para el fútbol mañana porque es el primer día de práctica. En mi mochila yo tengo la camisa, los pantalones cortos, las medias, los zapatos de tenis y la botella de agua. Después de la práctica yo voy a trabajar y también tengo mi uniforme de trabajo en la mochila.

—Taruuuuuuuu —grita mi mamá—, necesito tu ayuda en la cocina.

—Ya voy.

Voy a la cocina y ayudo a mi mamá con la cena. Yo preparo una ensalada y ella cocina el arroz y el pollo. En ese momento mi papá llega a casa, «¡Hola familia!». En unos minutos nosotros estamos a la mesa para la cena.

Capítulo 8
Taruka

Tomo mi mochila y camino a la escuela, que está a sólo unas cuadras del apartamento. Cuando llego, hablo con la entrenadora White. Yo le explico que soy nueva en Douglaston High School, pero juego muy bien al fútbol.

—Hola —me dice—. ¿Cómo te llamas?

—Yo soy Taruka Fuentes —respondo yo.

—Bienvenida a Douglaston. Tú tienes que correr con las otras chicas del equipo.

—Está bien. Gracias.

Yo voy con el grupo y nosotras corremos por la pista. En el campo veo a una persona… ¿familiar? Es alto y guapo, y tiene pelo rubio. Oh, es el muchacho de la papelería. Debe ser estudiante aquí.

*****

Cooper

Son las diez de la mañana. Jugamos por dos horas y todos estamos cansados.

Kyle me habla.

—Mira, la chica nueva. Ella corre muy rápido.

—Sí. Es muy atlética. Y muy bonita también.

—¿Qué actividades tienes esta tarde? —Me pregunta Kyle.

—Primero voy a hacer ejercicio con un entrenador privado. Y después, voy a jugar al básquetbol en Greenwidge Club. ¿Quieres jugar?

—Sí. Está bien. Necesitas textearme.

—OK.

*****

Taruka

La práctica de fútbol es muy buena para mí. Driblo muy bien con la pelota y la Sra. White dice «¡Excelente, Taruka!»

Después de la práctica yo hablo con una de las chicas. Ella se llama Emily. Emily tiene pelo largo, castaño y rizado.

—¿Te llamas Taruka? —me pregunta.

—Sí —le digo.

—Hola. Me llamo Emily. Y ésta es mi amiga Caroline.

Caroline es muy diferente a Emily. Ella es alta, muy delgada y tiene pelo rubio, liso y muy largo.

—Hola Caroline.

—Hola Taruka. Tu nombre es muy interesante. Me gusta.

—Gracias. Es un nombre quechua. Mis padres son de Bolivia. Yo soy boliviana también —le explico.

—¿Sí? ¡Qué bien! ¿Tienes hermanos? me pregunta Caroline.

—Tres. Un hermano mayor y dos hermanas menores.

—Mi familia tiene cuatro hijos también —dice Caroline. —Mis hermanos son gemelos y ellos tienen quince (15) años, y mi hermana menor tiene ocho (8) años.

—¿Habla español tu familia? —pregunta Emily.

—Sí —respondo yo. Hablamos español en casa pero con mis hermanos hablamos inglés también.

—Excelente —dicen Emily y Caroline.

—Bueno, chicas. Necesito irme. Tengo que trabajar.

—¿Trabajas? ¿Dónde?

—Trabajo en el Greasy Spoon. Soy mesera.

—Ok. Chao.

—Hasta mañana en la práctica.

Capítulo 9
Cooper

Es el primer día de la escuela. Yo asisto a todas mis clases nuevas y veo a mis amigos. En la cafetería durante el almuerzo nosotros hablamos del verano y los deportes. Y claro, hablamos de las chicas. Kyle no está y yo le escribo un texto:

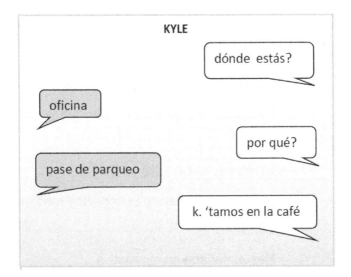

Yo hablo con Matt, Ryan y Max. Ellos son mis amigos desde el tercer grado. Kyle practica el fútbol conmigo, y Matt juega al fútbol americano. Ryan hace la lucha libre durante el invierno y Max... Max no practica los deportes. Max es el amigo muy inteligente. Es la persona intelectual del grupo.

—¿Qué clases tienes este año, Max?

—Tengo matemáticas AP con Sr. Coppock, biología AP con Sr. T., historia de los Estados Unidos con el Sr. Cabrera, literatura AP con Srta. Ginn y español 5 con la profesora loca, Profe.

—Oooh. Tú tienes muchas clases difíciles. Lo siento.

—Las clases son fáciles para mí. Yo soy muy inteligente.

—Es la verdad. ¡Pero tú no eres muy inteligente con las chicas! —yo le digo.

—Ja! ¡Ja! —dice Max.

En el otro lado de la cafetería yo veo a la chica nueva.

—Quiero hablar con la chica nueva. Max, mira y aprende. ¡Ja! ¡Ja!

*****

Taruka

Estoy en la cafetería con mis nuevas amigas, Emily y Caroline. Nuestro equipo de fútbol es muy bueno. Nosotras queremos participar en el campeonato del estado.

De repente yo veo a un chico. Es el chico de Staples, el chico que juega al fútbol para la escuela de Douglaston.

—Hola —me dice—. Yo soy Cooper.

Yo miro sus ojos azules y respondo.

—Hola. Me llamo Taruka.

—Mucho gusto.

—Igualmente.

—¿Eres nueva en la escuela?

—Sí.

—Yo te vi[7] en Staples y te vi con el equipo de fútbol.

—Ah sí. ¡En Staples!

Emily y Caroline están muy felices durante la conversación.

---

[7] I saw you

—Me gusta tu nombre. Es muy interesante —dice Cooper.

—Gracias. Es un nombre quechua.

—¿Qué es Quechua? —pregunta Cooper.

—Quechua es un grupo de personas indígenas de origen inca en Bolivia y Perú. También es una lengua. Para muchos indígenas en Bolivia es su primera lengua.

—¡Fantástico! ¿Cuál es tu apellido?

—Yo tengo dos apellidos. Fuentes y Jiménez. Fuentes es el apellido de mi padre y Jiménez es el apellido de mi madre.

—¿Por qué tienes dos apellidos?

—Es una costumbre de los hispanos tener dos apellidos. ¿Cuál es tu nombre completo?

—Me llamo David Cooper Benenson, como mi padre. Pero todos me llaman Cooper o Coop.

—Ohhhh, como mi nombre... Mi nombre es Taruka pero mis amigos me llaman Taru.

—¿Tienes Snapchat, Taru?

—Claro. Es con mi nombre, Taruka Fuentes.

—¿Está bien si te escribo un mensaje?

—Sí. Me gustaría.

—Pues, ahora tengo clase.

—Yo también. Encantada de hablar contigo.

—Yo también. Chao Taruka.

—Chao Cooper.

En ese momento Caroline y Emily tienen mucho que decir.

—¡Qué emocionante, Taruka! Cooper Benenson es el chico más popular y más guapo en la escuela ¡Nosotras estamos celosas! ¡Ja! ¡Ja!

*****

Cooper

—¡Coooooooooop! —me dice Kyle—. ¿Con quién hablas tú?

—Ella se llama Taruka. Es nueva en la escuela. Es muy simpática. Y tiene ojos bonitos.

—Ay, ay, ay, Coop. Todos los años es una chica nueva para ti.

—No, Kyle. Este año es diferente.

—Tú dices eso cada año. Vamos a clase.

Capítulo 10
Cooper

Escribo a Taruka por Snapchat.

Coop Benenson

> **Hola Taruka. Mucho gusto hablar contigo hoy. ¿Te gusta Douglaston?**

Taruka FJ

> **¡Hola! Sí, me gusta. ¿Hay muchas actividades para hacer aquí?**

Coop Benenson

> **Claro. En la primavera y el otoño, mis amigos y yo vamos a nadar a Chelsea Port, en Strasberg. En el verano, nadamos en la Playa Planta. También, pasamos mucho tiempo practicando deportes.**

Taruka FJ

> **Es evidente. Muchas personas practican deportes en Douglaston, ¿no?**

Coop Benenson
Muuuuuuuchas.

Taruka FJ
¿Qué hacen ustedes durante el invierno?

Coop Benenson
Pues, yo juego al hockey con Kyle, Matt y Ryan.

Taruka FJ
¡Qué bien!

Taruka FJ
Lo siento pero necesito sacar la basura y cuidar a mi hermanita. Hablamos en la escuela.

Coop Benenson
Está bien. Chao.

Taruka FJ
Chao. Hasta luego.

Capítulo 11
Cooper

Mañana hay un baile en La Station. Todos mis amigos van a ir: Ryan, Max, Kyle y Matt. Yo voy también pero quiero asistir con Taruka. Yo la invito por texto.

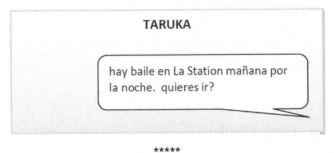

*****

Taruka

Estoy en la clase de matemáticas con el Señor Coppock. Él es uno de mis profesores favoritos. Es muy cómico y simpático. Recibo un texto en mi teléfono. Es de Cooper. Él quiere invitarme al baile de mañana a La Station.

Yo contesto al texto cuando Sr. Coppock me habla:

—Taruka, ¿qué haces?

—Uh ¿escribo un texto?

—¿En la clase de matemáticas?

—Sí señor. Es muy importante —digo emocionada.

—¿Por qué es importante? —pregunta Sr. Coppock.

—Un amigo me invita al baile mañana.

—Está bien —dice Sr. Coppock con una sonrisa.

Con una sonrisa mando un texto a Cooper:

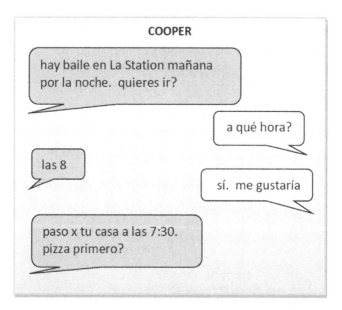

—Ya, ya, Taruka. Está bien —dice Señor Coppock.

No tengo tiempo para terminar la conversación. Me imagino una noche fantástica…

*****

Cooper

¿Por qué no me responde Taruka? ¿Quiere ir a la pizzería conmigo? Pero en este momento, el teléfono indica otro texto:

TARUKA

hay baile en La Station mañana por la noche. quieres ir?

a qué hora?

las 8

sí. me gustaría.

paso x tu casa a las 7:30. pizza primero?

sí, me gustaría ir y pizza es buena idea.

Capítulo 12
Cooper

Es viernes por la noche. Llevo unos pantalones *khakis* y una camisa nueva de Vineyard Vines. A mí me gusta la camisa, el color especialmente. La camisa es morada.

Antes de salir de mi casa mando un texto a Taru:

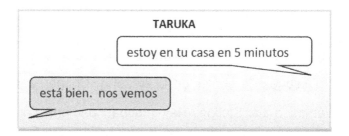

Voy al apartamento de Taruka, toco la puerta y me presento a su madre.

—Hola, Sra. Fuentes. Me llamo Cooper. Voy a salir con Taruka esta noche.

—Encantada, Cooper. Un momento —dice la mamá.

—¡Taruuuuuuuuuuuuuuuuu!

—Ya voy, mami.

Taruka llega a la puerta y habla con su mamá un momento.

—Chao mami.

—Taru, necesitas estar en casa a las 11:00.

—Ok. Gracias mami.

Taruka le da un beso a su mamá, y ella y yo caminamos a mi carro.

—Tienes una buena relación con tu madre ¿no?

—Sí ella es muy buena.

*****

Taruka

Después de comer en la pizzería, Cooper y yo vamos a La Station. Hay muchas personas allí. Unos muchachos y muchachas bailan y otros hablan con los amigos. Cooper y yo entramos en el salón grande para encontrar a nuestros amigos. Kyle, Max y Ryan están con Emily y Caroline. Nosotros hablamos del baile y la música.

—¿Cómo está la música? —pregunto a las chicas.

—Es muy buena esta noche. El DJ es Matt.

—Excelente —dice Cooper—. Voy a hablar con él.

Cooper va a hablar con Matt. En unos minutos Matt pone una canción nueva de Alicia Keys y Alejandro Sanz, *Looking for Paradise*. Cooper toma mi mano y me invita a bailar. ¡Qué buena noche!

Capítulo 13
Cooper

Esta noche Kyle, Max, Ryan, Matt y yo miramos un partido de fútbol profesional. Es un partido de clasificación para la Copa Mundial en Río de Janeiro en 2014. Estamos en la casa de Kyle cuando Kyle menciona la cena especial para el equipo de hockey. Kyle, Matt y yo jugamos con el equipo.

—Necesitamos robar el letrero de hockey para el regalo de Coach G.

—Ah, sí —dice Matt—. Vamos después del partido.

*****

Taruka

Todos los chicos van a la casa de Kyle esta noche para mirar un partido de fútbol. Emily, Caroline y yo no queremos ir, entonces vamos de compras al centro comercial. Yo tengo dinero de mi trabajo y quiero comprar un vestido nuevo para llevar a la escuela.

Emily y Caroline tienen las tarjetas de crédito de sus madres. Ellas compran mucho más que yo, pero no me importa.

En el centro comercial, primero vamos a la tienda GAP. Vemos pantalones de muchos colores: rojo, amarillo, verde, rosado y celeste y de todas las tallas: pequeña, mediana y grande. También hay camisas anaranjadas, amarillas, blancas y negras. Caroline mira los cinturones y toma dos, uno negro y uno café.

—¿Cuánto es? —pregunta Emily.
—$50.
—Buen precio —dice Caroline.

¿Buen precio? ¿Por un cinturón? Es muy caro para mí. Pero no digo nada. Voy a la sección de los vestidos. Veo un vestido blanco y azul que me gusta. Tiene un precio nuevo. La etiqueta indica que ahora el precio es $23.95. Es buen precio por un vestido.

Las chicas y yo pagamos y luego vamos a Abercrombie & Fitch. Abercrombie está al lado del GAP. La música está muy alta y salimos. Decidimos ir a H&M. A mí me gusta H&M porque la ropa tiene muchos colores y los precios son buenos. Entramos en la tienda. Miro una falda bonita pero no me gusta el color.

—Tengo hambre —dice Emily.

—Yo también —dice Caroline.

—Y yo necesito tomar agua. Vamos al Food Court —dice Emily.

Las chicas y yo caminamos al otro lado del centro comercial porque el Food Court está lejos de H&M.

Capítulo 14
Taruka

Ahora Cooper y yo somos amigos. Pasamos mucho tiempo juntos en la escuela y durante los fines de semana. No estoy sorprendida cuando recibo un mensaje de él por Snapchat un viernes:

Coop Benenson
   Hola Taru. ¿Qué haces el sábado?

Yo le escribo un mensaje:

Taruka FJ
   Hola Cooper. Necesito ir a Nueva York para visitar a mi tía. ¿Quieres ir conmigo?

Mi tía es la hermana menor de mi padre. Ella se llama Ana y ella es mi tía favorita. Ella tiene 35 años y vive en East Harlem con su esposo, José. Él es dominicanoamericano. Ellos tienen dos hijos, Sofía y Matías, que son mis primos. Sofía tiene 6 años y Matías tiene 4 años. ¡Ellos tienen mucha energía!

El mensaje llega a mi teléfono:

Coop Benenson
  Me gustaría ir contigo.

East Harlem es un barrio de muchos inmigrantes. Hay personas puertorriqueñas, dominicanas, afroamericanas, italianas y personas judías también. Es un área multicultural.

Capítulo 15
Cooper

El día del viaje a East Harlem Taruka y yo tomamos el tren Metro North de la estación de Douglaston. Compramos los billetes y esperamos al tren en el andén.

En unos minutos el tren llega y nosotros subimos. Hablamos los cuarenta y cinco (45) minutos que tarda para llegar a Nueva York.

—¿Qué vamos. a hacer en Nueva York, Taru?

—Cooper, tengo un gran plan para el día. Primero vamos a caminar al Museo del Barrio para ver todo el arte de los artistas famosos hispanos. El museo está abierto los miércoles, los jueves, los viernes y los sábados. Pero está cerrado los domingos, los lunes y los martes. Después vamos a mirar los murales de otros artistas. Los murales están en los edificios que están en el barrio.

—¡Qué interesante! —dice Cooper.

Taruka y yo escuchamos al anuncio, «Harlem 125th Street» y bajamos. Caminamos al museo y vemos muchos murales. Son de muchos colores. Me gustan mucho. Muchos son imágenes de la vida típica del barrio, pero hay otros murales también. Vamos al museo y después caminamos al apartamento de los tíos de Taruka. Cuando caminamos, Taruka me explica los murales.

Necesitamos llevar un regalo para dar a sus tíos, entonces entramos en una bodega. Hay de todo en la bodega: fruta, vegetales, leche y flores. Compramos flores para su tía y unos dulces para los niños.

En el apartamento de Ana y José nosotros hablamos mucho y los niños dibujan con marcadores. Comemos las salteñas que prepara Ana. Las salteñas son muy ricas.

En el tren a la casa Taruka y yo descansamos. Pasamos un día excelente en Spanish Harlem, una parte de Nueva York totalmente nueva para mí.

Capítulo 16
Taruka

Es la semana de vacaciones de febrero. Tengo que trabajar tres días por semana. El viernes por la mañana estoy en el trabajo cuando veo a Cooper y a su familia entrar en el Greasy Spoon.

—Hola Cooper.

—Hola Taru. Te presento a mi familia. Ella es mi madre, Mitzi. Él es mi padre Chip y mis hermanos son Caitlin y Sam.

—¡Hola! ¡Mucho gusto!

—Hola. ¿Podemos ver los menús? —dice el papá de Cooper.

—Ah, sí… un minuto.

Estoy sorprendida. Los padres de Cooper no me hablan. No me miran. Es un problema y estoy triste.

La familia Benenson come el desayuno y sale. Cooper me habla. —Chao, Taru. Te texteo después.

—Chao Cooper.

*****

Cooper

Después de ir al Greasy Spoon, mi madre y mi padre hablan conmigo.

—Tu amiga es muy morena —dice mi mamá.

—Sí, Coop. No necesitas problemas.

—¿Problemas? ¿Problemas? Taruka es mi novia y no es un problema.

—Cooper, tú no eres de la clase social de ella. Tú necesitas salir con otra clase de chica.

—¡No! Me gusta Taruka. ¡Es mi novia!

Después de esto, tengo muchos problemas con mis padres. Y voy a tener muchos más. Es horrible.

Capítulo 17
Taruka

Douglaston

martes, el 22 de febrero

Robo de un letrero

Unos estudiantes del colegio de Doulgaston

—Taruuuuuuuu, grita mi mamá.

—¡Ya voy!

Yo entro en la cocina donde está mi mamá.

—Taruka Fuentes Jiménez, los chicos aquí en el periódico, ¿son tus amigos?

—¿Qué? —le digo a mi mamá.

Yo leo el artículo que explica que Kyle, Matt, Max y Cooper robaron[8] el letrero del equipo de hockey.

---

[8] stole

—Mami, no es verdad. Hay una explicación.

—Taruka, no venimos a los Estados Unidos para tener problemas. Estamos aquí para tener una vida mejor.

—Yo sé, Mami. Cooper y sus amigos no son chicos malos. Son buenos.

—Taru, no puedes verlo más.

—¡Pero es mi novio! ¡Es mi noooooooovio!

Por la noche yo escribo un texto a Cooper.

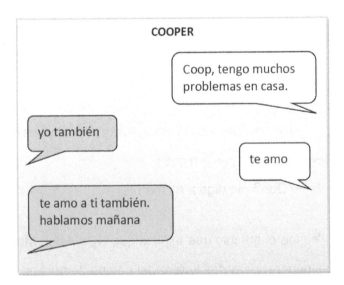

Capítulo 18
Cooper

Taruka y yo necesitamos hablar. Tenemos problemas con nuestros padres. Yo hablo con Taruka en el patio de la escuela.

—Taru, yo quiero ser tu novio pero tengo problemas con mis padres.

—Yo también Cooper. Mi madre dice que tú no eres un buen chico.

—La situación es horrible. ¿Qué hacemos?

—No tengo ni idea.

*****

Taruka

Después de hablar con Cooper voy al salón de clase de mi profesora favorita. Ella es mi profesora de español 4 honores.

—Seño, tengo un problema grande.

—¿Qué pasa, Taru?

—Cooper es mi novio pero mi mamá dice que no es un buen chico por el problema del letrero. Y sus padres no me aceptan porque soy boliviana.

45

Seño Allen comprende bien. Su esposo es guatemalteco. Ella me habla.

—Taru, necesitas hablar con tus padres. Ellos necesitan comprender la situación. Cooper es una buena persona. Y tú eres una buena persona también.

—Gracias Seño.

Cuando estoy en su clase escucho una canción. A Seño le encanta la música y siempre pone música en su clase. Es una canción nueva de Jason Mraz y Ximena Sariñana que se llama *Suerte*.

*****

Cooper

Kyle y yo estamos en la cafetería. Tenemos un descanso; no tenemos clase. Yo hablo con Kyle sobre los problemas con Taruka. Kyle escucha, pero no dice mucho. Él me enseña una canción nueva que tiene la letra en inglés y español. Se llama *Suerte*. Suerte es lo que necesito ahora.

Me gusta la canción. Es una canción perfecta para Taruka y yo... Me da una idea. Voy a hablar con mis padres esta noche.

En mi casa después de la cena yo hablo con mis padres sobre los comentarios que ellos hicieron[9] de Taruka.

—Mamá. Papá. Quiero hablar con ustedes sobre Taruka. Ella es mi amiga, pero es obvio que ustedes tienen problemas con ella. ¿Por qué?

Mi padre habla primero:

—Coop. Tu madre y yo estamos preocupados por ti. Las personas en este pueblo hablan mucho.

—Sí —dice mi mamá—. Al pueblo no le gustan las personas diferentes.

—Pero, Mamá, Papá, Taruka es una persona. Sí, es diferente, pero es una buena persona. Y, en mi opinión es necesario ser simpático con TODAS las personas.

Mi padre me mira y habla otra vez:

---

[9] they made

—Cooper. Eres un buen muchacho y muy buena persona. Estamos orgullosos de ti. Tú tienes razón. Las personas son personas primero. No importan las diferencias.

Mi mamá dice —Sí Cooper. Eres bueno. Gracias por educarme. ¿Tienes planes para el *prom*? Necesitas invitar a Taruka. Y tu padre y yo vamos a tener una fiesta para todos los padres de tus amigos esa noche.

—Oh, mamá y papá, Gracias. ¡Ustedes son excelentes!

Capítulo 19
Cooper

Es un día frío de abril. Normalmente en abril hace fresco y hace viento. Pero hoy hace frío y nieva. Es muy raro. Normalmente nieva en diciembre, enero, febrero y marzo. No nieva en abril. Es un día gris. No hablé[10] con Taruka por unos días. Pero quiero hablar con ella. Quiero invitar a Taruka al *prom*. Tengo una idea. Escribo un texto a Kyle. Él tiene que ayudarme.

Voy al campo de fútbol americano. Camino en la nieve escribo con letras enormes «¿PROM?» Taruka está en su clase de arte. Kyle entra en la clase para hablar con ella.

*****

Taruka

Es un día horrible. No hace sol y no hace calor. Nieva. Estoy en mi clase de arte. No hablé con Cooper por mucho tiempo. Hoy estoy muy triste.

---

[10] I didn't speak

De repente, Kyle entra en la clase y me lleva a la ventana. Kyle me dice:

—Mira.

En la nieve en medio del campo, veo la palabra, «¿*PROM*?», y también veo a Cooper. Tiene unas flores en la mano. Inmediatamente, yo le escribo un texto.

—¡Sí!

Capítulo 20
Taruka

Es el fin de mayo, el día del *prom*. Ya no tengo

problemas con mis padres. Ellos leyeron[11] el

---

[11] they read

periódico y ahora saben que los chicos robaron el letrero como regalo para su entrenador. En unos minutos mis padres y yo vamos a la casa de Cooper para sacar unas fotos antes de ir en bus al *prom*.

Y cuando comemos y bailamos en el *prom*, todos los padres tienen una cena en la casa de los Benenson. Mi mamá prepara las salteñas para la cena.

Tomamos muchas fotos en la casa de Cooper. Después todos mis amigos y yo vamos en bus al Hotel W en Greenwidge.

*****

Pasamos una noche excelente. Comemos un poco y bailamos mucho. Al final de la noche, el *deejay* anuncia:

—Esta canción es para Cooper y Taruka. Es una canción muy especial. Pone la canción «Ella y él» por Ricardo Arjona, un cantante muy popular de Guatemala.

Cooper y yo bailamos toda la noche. La vida es buena. Muy buena.

GLOSARIO

A

Abercrombie & Fitch - clothing store

abierto - open

abril - April

aceptan - they accept

actividades - activities

afro-americanas - African Americans

agua - water

ahora - now

al - to the

algo - something

allí - there

almuerzo - lunch

alto(a) - tall

amarillas - yellow

amarillo - yellow

americano(as) - American

amiga(s) - friend(s) (f.)

amigo(s) - friend(s) (m.)

anaranjadas - orange

andén - (train) platform

año(s) - year(s)

antes - before

anuncia - s/he announces

anuncio - announcement

apartamento - apartment

apellido(s) - last name(s)

aprende - s/he learns

aquí - here

área - area

arroz - rice

arte - art

artículo - article

artistas - artists

asisten - they attend

asistir - to attend

asisto - I attend

atlético(a) - athletic

autobus - bus

¡ay, ay, ay! - exclamation meaning "wow" or "oh my"

ayuda - s/he helps

ayudarme - help me

ayudo - I help
azul(es) - blue

B
bailamos - we dance
bailan - they dance
bailar - to dance
baile - s/he dances
baja - short
bajamos - we get off (train)
ballet - ballet
banco - bank
barrio - neighborhood
básquetbol - basketball
basura - garbage
beso - kiss
bien - well
bienvenida - welcome
billetes - tickets
biología - biology
blanco(a)(s) - white
bodega - small store
bolígrafos - pens
Bolivia - country in the central region of South America
boliviana - Bolivian

bonita - pretty
bonitos - pretty
borrar - to erase
botella - bottle
Bronx - one of the 5 boroughs of New York City
buen - good
buena - good
bueno(s) - good
bus - bus
busco - I look for

C
cada - each
café(s) - brown
café - shortened form of cafeteria
cafeteria - cafeteria
calculadora - calculator
calor - heat
hace calor - it's hot
caminamos - we walk
caminar - to walk
camino - I walk
camisa(s) - shirt(s)
camiseta - T-shirt
campeonato - championship

56

campo - athletic field

canción - song

cansados - tired

canta - s/he sings

cantante - singer

capítulo - chapter

caro - expensive

carpetas - folders

carro(s) - car(s)

casa(s) - house(s)

castaño - brown

celeste - light blue

celosas - jealous

cena - dinner

cenar - to dine, eat dinner

centro - downtown

cerrado - closed

chao - 'bye

chica(s) - girl(s)

chico(s) - boy(s)

china - (adj.) Chinese

ciencias - science

cinco - five

cinturón(es) - belt(s)

ciudad - city

claro - of course

clase(s) - class(es)

clásica - classical

clasificación - classicfication

club - club

cocina - kitchen

color(es) - color(s)

come - s/he eats

comemos - we eat

comentarios - comments

comer - to eat

comercial - comercial

   centro comercial mall

cómico - funny

comida - food

como - like, as

cómo - how

compañía - company

completo - complete

compramos - we buy

compran - they buy

comprar - to buy

compras - you buy

comprende - s/he understands

comprender - to understand

compro - I buy

computadora - computer

con - with

conmigo - with me

Connecticut - a

state in the
United States; in
New England

construcción -
construction

contesta - s/he
answers

contesto - I answer

contigo - with you

conversación -
conversation

copa - cup
  Copa Mundial -
  World Cup

coro - chorus

corre - s/he runs

corremos - we run

correr - to run

cortos - short

cosas - things

costumbre - habit

crédito - credit
  tarjeta de
  crédito - credit
  card

cuadernos -
notebooks

cuadras - city
blocks

cuál - which

cuando - when

cuánto - how
much, many

cuatro - four

cuidar - to take
care of

D

da - s/he gives

dar - to give

debe - s/he must,
should

decidimos - we
decide

decir - to say, tell

deejay - DJ, disc
jockey

delgado(a) - slim,
thin

deportes - sports

desayuno -
breakfast

descansamos - we
rest

descanso - I rest

desde - since, from

después - after

día(s) - day(s)

dibujan - they draw

dice - s/he says

dicen - they say

dices - you say

diciembre -
December

diferencias -
differences

diferente(s) -
different

difícil(es) - difficult, hard
digo - I say
dinero - money
dólares - dollars
domingos - Sundays
dominicanas - Dominican
dominicano - Dominican
dominicano americano - Dominican American
donde - where
dónde - where?
dos - two
driblo - I dribble
dulces - sweets, candies
durante - during

E
edificios - building
educación - education
  educación física - physical education, P.E.
educarme - to educate me
ejercicio - exercise
él - he
ella - she

ellas - they (feminine)
ellos - they (masculine)
emocionada - excited
emocionante - exciting
empiezan - they begin
en - in, on
encanta - love
  me encanta - I love (as in, like A LOT)
encantada - pleasure to meet you
encontrar - to find
energía - energy
enero - January
enormes - huge
ensalada - salad
enseña - s/he teaches
entonces - then
entra - s/he enters
entramos - we enter
entrar - to enter
entrenador(a) - trainer, coach
entro - I enter
equipo - team

eres - you are
es - s/he, it is
esa - that
escolares - adj.
  school
  materiales
  escolares -
  school supplies
escriben - they
  write
escribo - I write
escucha - s/he
  listens
escuchamos - we
  listen
escucho - I listen
escuela - school
ese - that
eso - that
español - Spanish
especial - special
especialmente -
  especially
esperamos - we
  wait
esposo - husband
esta - this
está - is
ésta - this
estación - station
estado(s) - state(s)
  Estados Unidos -
  United States
estamos - we are

están - they are
estar - to be
estás - you are
este - this
estoy - I am
estudia - s/he
  studies
estudiante - student
etiqueta - tag
evidente - evident
excelente(s) -
  excellent
explica - s/he
  explains
explicación -
  explanation
explico - I explain

F
fáciles - easy
falda - skirt
familia(s) -
  family(ies)
familiar - familiar
famosos - famous
fantástico(a) -
  fantastic
favorito(a)(s) -
  favorite
febrero - February
felices - happy
fideos - noodles
fiesta - party
fin - end

final - final
fines - ends
  fines de semana - weekends
física - physical
  educación física - physical education, P.E.
flores - flowers
fotos - photos
fresco - cool
  hace fresco - it's cool (weather)
frío - cold
  hace frío - it's cold
fruta - fruit
fútbol - soccer
futuro - future

G
gemelos - twins
geometría - geometry
gomas - erasers
gorda - fat
gracias - thank you
grado - grade
gran - great
grande - big, large
gris - gray
grita - s/he yells
grupo - group

guapo - handsome, good looking
Guatemala - country in Central America
guatemalteco - Guatemalan
gusta - is pleasing to
  me gusta - it is pleasing to me, I like
  te gusta - it is pleasing to you, you like
gustan - they are pleasing to
  me gustan - they are pleasing to me, I like
  le gustan - they are pleasing to him/her, s/he likes
gustaría - would like
  me gustaría - I would like
  te gustaría - you would like
gusto - pleasure
  mucho gusto - nice to meet you

H

habla - s/he speaks

hablamos - we speak

hablan - they speak

hablar - to speak

hablas - you speak

hablo - I speak

hace - s/he does, makes

hacemos - we do, make

hacen - they do, make

hacer - to do, make

haces - you do, make

hago - I do, make

hambre - hungry

  tengo hambre - I am hungry

Harlem - large neighborhood in northern section of the borough of Manhattan in New York City

  East Harlem - a.k.a. Spanish Harlem or El Barrio

hasta - until

hay - there is, there are

helado - ice cream

hermana(s) - sister(s)

hermanita(s) - little sister(s)

hermano - brother

hermano(s) - brother(s), siblings

hicieron - they did, made

hija - daughter

hijos - sons, children

hispanos - Hispanic

historia - history

hockey - hockey

hola - hi, hello

Honduras - country in Central America

honores - honors

horas - hours

horrible - horrible

hotel - hotel

hoy - today

I

idea - idea

igualmente - equally (here: same here, me too)

imágenes - images

imagino - I imagine
  me imagino - I imagine
importa - matter
  me importa - matters to me
importan - matters
importante - important
inca - Inca, pre Colombian civilization
increíble - incredible
indica - s/he, it indicates
indígenas - indigenous
informática - computer class
inglés - English
inmediatamente - immediately
inmigrantes - immigrants
intelectual - intellectual
inteligente - intelligent
interesante - interesting
invierno - winter
invita - s/he invites
invitar - to invite

invitarme - to invite me
invito - I invite
ir - to go
irme - to go
italiana(s) - Italian

J
ja ja - ha ha
japonesa - Japanese
judías - Jewish
juego - game
jueves - Thursday
juntos - together

K
khakis - khaki colored

L
la - the
lado - side
  al lado de - next to
lápices - pencils
largo - long
las - the
le - to,for him/her
leche - milk
leen - they read
lejos - far
lengua - language

63

leo - I read
letra - lyrics
letras - letters
letrero - sign
libre - free
limpia - s/he cleans
liso - straight
listo - ready
literature - literature
llama - s/he calls
  se llama - s/he
  calls her/himself
llaman - they call
  me llaman - they
  call me
llamas - you call
  te llamas - you
  call yourself
llamo - I call
  me llamo - I call
  myself
llega - s/he arrives
llegar - to arrive
llego - I arrive
lleva - s/he wears
llevar - to wear, to
  bring
llevo - I wear
loca - crazy
local - local
los - the
lucha libre -
  wrestling
luego - later

lunes - Monday

M
madre(s) -
  mother(s)
malos - bad
mamá - mom
mami - mommy
mañana - morning,
  tomorrow
mando - I send
mano - hand
marcadores -
  markers
martes - Tuesday
marzo - March
más - more
matemáticas -
  math
materiales -
  materials,
  supplies
  materiales
  escolares -
  school supplies
mayo - May
mayor - older
me - me, to/for me
mediano(a) -
  medium
medias - socks
medio - middle
mejor - better

menciona - s/he mentions

menor(es) - younger

mensaje - message

menús - menus

mesa - table

mesera - waitress, server (f.)

Metro North - train service company in NY metro region

mexicana - Mexican

mi - my

mí - me

miércoles - Wednesday

minuto(s) - minute(s)

mira - s/he looks at, watches

miramos - we look at, watch

miran - they look at, watch

mirar - to look at, watch

miro - I look at, watch

mis - my

mochila - backpack

momento - moment

morada - purple

morena - dark skinned

mucha(s) - many, a lot

muchacha(s) - young girl(s)

muchacho(s) - young boy(s)

mucho(s) - many, a lot

mujer - woman

multicultural - multicultural

mundial - world (adj)

   Copa Mundial - World Cup

murales - murals

museo - museum

música - music

muy - very

N

nacional - national

nadamos - we swim

necesario - necessary

necesita - s/he needs

necesitamos - we need

necesitan - they need
necesitas - you need
necesito - I need
negras - black
negro - black
nieva - snow
nieve - it snows
niños - children
no - no
noche - night
nombre - name
novio/nooooooovio - boyfriend
normal - normal
normalmente - normally
nosotras - we (f.)
nosotros - we (m.)
novia - girlfriend
novio - boyfriend
nuestro(s) - our
nueva(s) - new
nueve - nine
nuevo(s) - new

O
obvio - obvious
ojos - eyes
opinión - opinion
organizar - to organize
orgullosos - proud

origen - origin
otoño - autumn, fall
otra(s) - other
otro(s) - other

P
padre - father
padres - fathers, parents
pagamos - we pay
palabra(s) - word(s)
pantalones - pants
papá - dad
papel - paper
papelería - office supply story
para - for
parte - part
participar - to participate
partido - game
pasa - happens
  ¿qué pasa? - what's happening?
pasamos - we spend (time)
pasillo - hallway
patio - patio, courtyard
película - movie
pelo - hair
pelota - ball
pequeño(a) - small

periódico - newspaper
pero - but
persona - person
personas - people
Perú - country in the northwest region of South America
pista - track
pizza - pizza
pizzeria - pizzeria
plan(es) - plan(s)
planta - plant
playa - beach
poco - a little
podemos - we can
pollo - chicken
pone - s/he puts, places
pop - pop (as in music)
popular - popular
por - for
porque - because
practica - s/he practices
práctica - practice
practicamos - we practice
practican - they pratice
practicando - practicing

practicar - to practice
practico - I practice
precio(s) - price(s)
pregunta - s/he asks
pregunto - I ask
preocupados - worried
prepara - s/he prepares
preparo - I prepare
presento - I present
primavera - spring
primer(o)(a) - first
primos - cousins
privado(a) - private
problema(s) - problem(s)
profe - shortened form of "professor(a)"
profesional - professional
professor - teacher (m.)
profesora - teacher (f.)
profesores - teachers
prom - school dance/event
pueblo - town
puedes - you can

puerta - door
puertorriqueñas - Puerto Rican
pues - then, well

Q
que - that
qué - what
Quechua - a group of indigenous peoples in the Central Andes and their languages
queremos - we want
quién - who
quiere - s/he wants
quieres - you want
quiero - I want

R
radio - radio
rápido - fast
raro - rare, strange
razón - reason
real - real
recibo - I receive
regalo - present
relación - relationship
repente
  de repente - suddenly

responde - s/he responds
respondo - I respond
restaurante - restaurant
ricas - delicious
río - river
rizado - curly
robaron - they stole
robar - to steal
rock - rock (as in music)
rojo - red
ropa - clothes
rosado - pink
rubio - blond

S
sábado(s) - Saturday(s)
saben - they know
sacar - to take out
sale - s/he leaves, goes out
salimos - we leave, go out
salir - to leave, go out
salón - large room
salteñas - a Bolivian baked empanada filled with pork, beef,

chicken in a
sweet and spicy
sauce, and peas
and potatoes.
saludo - I greet
sé - I know
sección - section
seis - six
semana(s) -
week(s)
seño - nickname for
teacher
señor - sir, mister
ser - to be
si - if
sí - yes
siempre - always
siento - I feel
lo siento - I'm
sorry
similar - similar
simpatico(a) - nice
situación - situation
Snapchat -
multimedia
messaging app
sobre - about
social(es) - social
sol - sun
hace sol - it's
sunny
solo - only
somos - we are
son - they are

sonrisa - smile
sopa - soup
sorprendida -
surprised
soy - I am
Sr. - abbreviation
for señor
Sra. - abbreviation
for señora
Srta. - abbreviation
for señorita
su - his, her, their
subimos - we get
on
suerte - luck
su(s) - his, her, their

T
tallas - sizes
también - also
tampoco - either
tarda - it takes
(time)
tarde - afternoon,
late
tarjeta(s) - card(s)
**tarjeta de
crédito** - credit
card
tecnología -
technology
teléfono(s) -
telephone(s)
tenemos - we have

tener - to have
tengo - I have
tenis - tennis
tercer - third
terminar - to finish
textearme - to text me
texteo - I text
texto - text
ti - you
tía - aunt
tiempo - time
tienda - store
tiene - s/he has
tienen - they have
tienes - you have
tíos - aunt and uncle
típica - typical
toco - here: I knock
toda(s) - all
todo(s) - all
toma - s/he takes
tomamos - we take
tomar - to take
tomo - I take
totalmente - totally
trabaja - s/he works
trabajar - to work
trabajas - you work
trabajo - I work
tren - train
tres - three
triste - sad

tu(s) - your
tú - you

U
ultimo - last
un(a) - a, an
unas - some
unidos - united
  Estados Unidos - United States
uniforme - uniform
universidad - university
uno - one
unos - some
uso - I use
ustedes - you (plural)

V
va - s/he goes
vacaciones - vacations
vamos - we go
vegetales - vegetables
veinte - twenty
vemos - we see
venimos - we came
ventana - window
veo -I see
ver - to see
verano - summer

verdad - true
verde - green
verlo - to see it
vestido(s) -
  dress(es)
vez - time, instance
vi - I saw
viaje - trip
vida - life
viento - wind
  hace viento - it's
  windy
viernes - Friday
Vineyard Vines -
  clothing brand
visitar - to visit
vive - s/he lives
vivo - I live

voluntaria -
  volunteer
voy - I am going

W
Westchester -
  county in New
  York northeast of
  NYC

Y
y - and
ya - already
yo - I

Z
zapatos - shoes
  zapatos de tenis -
  sneakers

ABOUT THE AUTHOR

Jennifer Degenhardt taught high school Spanish for over 20 years. She realized her own students, many of whom had learning challenges, acquired language best through stories, so she began to write ones that she thought would appeal to them. She has been writing ever since.

Please check out the other titles by Jen Degenhardt available on Amazon:

La chica nueva | La Nouvelle Fille |The New Girl
La chica nueva (the ancillary/workbook volume, Kindle book, audiobook)
El jersey|The Jersey |*Le Maillot*
Quince
La mochila | The Backpack
El viaje difícil|*Un Voyage Difficile*
La niñera
La última prueba
Los tres amigos | Three Friends | *Drei Freunde* | *Les Trois Amis*
María María: un cuento de un huracán | María María: A Story of a Storm | Maria Maria: un histoire d'un orage
Debido a la tormenta
La lucha de la vida
Secretos

Follow Jen Degenhardt on Facebook, Instagram @jendegenhardt9, and Twitter @JenniferDegenh1 or visit the website, www.puenteslanguage.com to sign up to receive information on new releases and other events.

Made in the USA
Monee, IL
08 September 2021